よりよい学校をつくろう！

みんなの委員会 3

監修 安部恭子

放送委員・図書委員・新聞委員・運動委員

岩崎書店

はじめに ——読者のみなさんへ

　みなさんの学校では、どのような児童会活動をおこなっているでしょうか？児童会活動は、おもに高学年のみなさんが中心になって計画、運営をします。学校生活を楽しく豊かにするために、一人ひとりの発想を生かし、各学級、各学年が交流を深め、協力しておこなうものです。みなさんが話し合い、目標を立て、その実現のために主体的に活動することで、心がつながり、よりよい人間関係が生まれることでしょう。さらには、学校のみんなのためにはたらくよろこびを感じたり、学年の異なる人とコミュニケーションを楽しむ力が育まれたりするのではないでしょうか。

　このような児童会活動での経験は、中学校、高校の生徒会活動でもみなさんの大きな力となり、将来、学校卒業後の仕事や、地域社会の自治的な活動のなかで生かされていきます。

　この本では、初めに委員会活動と学校行事の関係について、そして放送委員、図書委員、新聞委員、運動委員の仕事を紹介しています。これらの委員会が学校行事の成功につながる「かなめ」となるはたらきも担っていること、自分たちの発想が力になること、それぞれの仕事のつながりなどについて書かれていますので、参考のひとつになりましたらうれしいです。

　委員会活動では、みなさんが中学年、低学年のことや学校全体を考えて活動のやり方を考え、自分の役割を果たせたときに、たしかなよろこびとやりがいを感じられるはずです。自分への自信を高めるだけではなく、ほかの人の考えに耳をかたむけて、おたがいを認めて尊重することもできるようになるでしょう。その経験がやがて将来の目標や希望をもち、なりたい自分に向けてがんばることにつながっていきます。この本を活用することで、委員会活動がいっそう充実したものとなりますように願っています。

監修　**安部恭子**

帝京大学教育学部
教育文化学科教授

もくじ

はじめに … 2

委員会活動と学校行事 … 4

1. 放送委員
どんなことをするの？ … 6
放送委員になったら … 8
《たとえば》オリジナル番組をつくろう … 10

2. 図書委員
どんなことをするの？ … 12
図書委員になったら … 14
《たとえば》読書週間はコラボしよう … 16

3. 新聞委員
どんなことをするの？ … 18
新聞委員になったら … 20
《たとえば》学校ニュースを集めよう … 22

4. 運動委員
どんなことをするの？ … 24
運動委員になったら … 26
《たとえば》レクリエーションを楽しもう … 28

みんなの委員会活動①
新潟県新潟市立 江南(こうなん)小学校
かがやけ太陽の子！ 体育委員会 … 30

みんなの委員会活動②
福島県福島市立 平野(ひらの)小学校
本が好き！ 楽しい図書館委員会 … 34

資料 … 38
さくいん … 39

この本では、小学校における委員会活動の一例を紹介しています。学校によって、委員会の名称(めいしょう)、しくみ、活動内容(ないよう)は異(こと)なることがあります。

委員会活動と学校行事

一生の思い出をつくろう

学校行事をささえる委員会活動

学校行事は、入学式、全校朝会、全校清掃、運動会、遠足、宿泊学習、修学旅行、学芸会や音楽会、卒業式など学校の一大イベント。

全校児童がみんなで、いろいろな仕事をおこなう学校行事では、委員会活動が大きな役目をはたしているよ。

委員会活動とチームワーク

学校行事は、委員会活動、クラブ活動と同じ「特別活動」のひとつ。計画や運営は先生方が中心だけれど、成功のためには委員会活動のチームワークが欠かせない。

たとえば運動会では、運動委員は用具のとりまとめ、放送委員はアナウンス、新聞委員は取材など、各委員のはたらきがつながっている。

➡ 特別活動、クラブ活動については、①巻、②巻も見てね！

4

学校行事の種類

学校行事には、5つの種類があるよ。

- **儀式的（ぎしきてき）** — 入学式、卒業式 など
- **文化的** — 学芸会、音楽会 など
- **体づくり** — 運動会、マラソン大会 など
- **宿泊的（しゅくはくてき）** — 修学旅行（しゅうがく） など
- **勤労的（きんろうてき）** — 全校清掃（せいそう） など

5つの行事には、どれも委員会の仕事が関わっている。
委員会活動の年間活動計画を立てるときには、学校行事をよく調べておこう。

学校行事の楽しみ

委員会活動をとおして、たくさんの人といっしょに仕事をすると、責任感（せきにんかん）や、達成感を味わうことができる。

ほかの学年のことを知って、なかよくなれる機会も増（ふ）える。これは外国ではあまりないしくみなので、日本ならではの文化とも言われているよ。

→ 先生や、まわりの大人にも聞いてみよう！
どんな行事が思い出に残っているのかな

未来につながる体験

みんなはいつか、小学校を卒業して中学校に進む。いろいろな経験（けいけん）をへて、将来（しょうらい）の仕事をえらび、社会の一員になる。そのとき、きっと委員会活動の経験がみんなの心の中に思い浮（う）かぶはずだ。

**委員会活動は、特別な活動。
ゆたかな時間を与（あた）えてくれますように！**

1. 放送委員

放送委員は、みんなをつなぐメッセンジャー

どんなことをするの？

[放送委員は、学校のみんなのために校内放送をするのが仕事。おもな活動時間は、朝、給食の時間など。イベントのお知らせや、音楽の紹介のほか、運動会、集会のような学校行事でも活やくする。]

放送するってどういうこと？

　放送は、ラジオ、テレビ、動画などをとおして多くの人に情報を伝えること。学校放送は、スピーカーやテレビを使って、校舎内、時にはグラウンドまで聞こえるしくみになっている。

　たくさんの人に「おもしろい！」「聞いてよかった！」とよろこんでもらえる放送をしよう。

やりがいのある仕事だよ！

6

●放送をとおして広がること

心をつなぐ放送

　放送委員の大切な仕事の1つは、学年をこえて、みんなの心をつなぐこと。

　たとえば、みんなで同じ音楽を聞くと、それぞれ楽しみ方や感じ方がちがうことを発見するかもしれない。

　それをきっかけに、おたがいの好みや性格を知ることもできる。集会など、ほかの委員会といっしょにできる活動のアイデアも浮かぶかもしれない。

大切な3つのルール

　放送委員の仕事では、おもに3つのルールがある。

① **語りかけて**

　マイクの前で、友だちの顔を思い浮かべよう。背すじをのばし、はっきり話そう。

② **機械の使い方に注意**

　放送室、体育館やグラウンドでの活動では、機械の設定を先生によく確認しよう。

③ **放送時間を守って**

　進行時間に気をつけよう。「もっと聞きたいな」と思ってもらえたらうれしいね。

みんなを想像して、語りかけているよ

●年間活動計画を見ながら

1年間のプログラムづくり

　放送委員は、学校生活の時間の流れに合わせて、活動をすることができる。たとえば、春は学校や先生を知るために「ようこそ〇〇小学校クイズ」「この先生はだれでしょう」などがおもしろい。

　学年末には「6年生ありがとうソング」「思い出ランキング」などもおすすめ。全学年が楽しめるプログラムを考えよう。

➡ **学校行事では、どんな放送をするといいかな？**

放送委員になったら

　放送委員の仕事は、おもに毎日の放送（⇒10ページを見てね！）と、学校行事の2つに分けられる。
　ここでは、もっとも大きな学校行事の1つ、運動会で、何ができるか考えてみよう。
　当日はもちろん、その前から「楽しみだね」「よかったよ！」と言ってもらえたらうれしいね。

ガンバロー！

●運動会の前も楽しくなるよ

運動会までのプログラムづくり

　運動会では、ひとりで参加する競技のほか、リレー、大玉転がし、つな引き、玉入れなど団体競技がたくさんある。運動会の1週間ほど前から、特別な放送プログラムを考えてみよう。いろいろなアイデアを集めて、みんなで楽しみに当日をむかえよう。

スペシャル放送〈運動会までカウントダウン〉

- **クラスの紹介**　〇年〇組 ここがスゴイ！
- **用具のひみつ**　運動委員に聞いちゃおう！
- **熱中症に注意**　保健委員からアドバイス！
- **すいみんの力**　保健の先生からひとこと！
- **注目ポイント**　新聞委員にインタビュー！

●動画のプログラムについて

動画にもチャレンジしよう！

　放送委員は、アナウンスの仕事が多いけれど、動画をとれるようであれば、ためしてみよう。
　みんなの一生けん命な様子を、タブレットなどで見ることができるかもしれない。
　ただし、設備や個人情報管理は学校ごとに異なるので、先生によく相談しよう。

●運動会の当日も大かつやく

いよいよ運動会当日は、放送委員は大いそがしになる。プログラムをよく確かめて、スムーズな進行を心がけよう。

いつものように、聞いている人たちのことを想像して、明るく元気に語りかけよう。

> 1）放送の用意。機械のセッティング、テスト放送。
>
> 2）開会のあいさつ。校長先生たちにマイクをわたす。
>
> 3）タイムスケジュールを、種目ごとにお知らせ。
>
> 4）休けいのときに、気分の悪い人、けが人の手当てについてお知らせ。
>
> 5）各種目のニュースをアナウンス。選手にインタビュー。
>
> 6）天気が悪くなったら、かたづけと校内へ移動をよびかけ。
>
> 7）すべての種目のニュースのアナウンス。
>
> 8）閉会のあいさつ。校長先生たちにマイクをわたす。
>
> 9）かたづけ。

運動会や音楽会など、学校行事には、地域の人たちも参加する。
放送委員は、スムーズな進行のかなめとなる。
委員のみんなで練習をして、当日をむかえよう。

➡ **ところで朝、昼など、毎日の活動では何ができるかな？**

考えてみよう！

《たとえば》
オリジナル番組をつくろう

毎日の仕事では、みんなの学校生活に役立つこと、お知らせを放送しよう。
音楽、読み聞かせなど、みんなで楽しめるオリジナルコンテンツの番組もおすすめだ。

●放送の計画を立てよう

担当(たんとう)を決めよう
- 合図する
- 進行チェック
- アナウンス
- 本を読む

朝の放送案
- あいさつ　外国語や方言で
- お知らせ　かぜ予防(よぼう)やイベントなど

昼の番組案
- 月　：ニュース　今週の給食
- 火　：クイズ　〇〇委員会
- 水　：レポート　〇年〇組
- 木　：読み聞かせタイム
- 金　：クラブ活動コーナー
- 毎日：リクエスト　音楽を1曲

●放送は「いいこと発見」

学校生活では、みんなが明るく元気に過(す)ごせること、
環境(かんきょう)にいいこと、健康にいいことなどが大切だ。
放送内容(ないよう)では、いつも「いいこと発見」を心がけよう。

●「ありがとうカード」で伝えよう

よりよい活動をめざして

　放送委員の仕事として、「ありがとうカード」をつくってみよう。

　学校のいろいろな人や活動について「楽しかった」「ありがとう」と気持ちを伝えられたら、うれしいね。

　「ありがとうカード」を用意できたら、各クラスにカードと箱をおこう。箱にカードが入っていたら、朝やお昼の放送で紹介しよう。

きっかけづくりも仕事

　放送は、一度にたくさんの人とつながることができる。

　よろこばれること、必要なこと、聞いている人のことを想像して、よりよいきっかけをつくっていこう。

先生からひとこと

放送をとおしてできることを、委員会でよく話し合いましょう。学校のみんなで実りある時間を過ごせるようにしましょう。

まとめメモ
- みんなのための放送を
- いいことのお知らせを
- みんなの心をつなぐ時間をつくろう！

2. 図書委員

図書委員は、世界へのとびらを開く案内人だよ

どんなことをするの？

[図書委員は、本に関わる仕事をする。学校図書館には、物語の世界を楽しめる本、自分たちの社会や自然についてくわしく調べられる本がたくさんある。学校生活に欠かせないアイデアの宝庫だ。]

本のようすを確認

パソコンでチェックする

　みんなの学校では、本が集められている教室を図書室とよんでいるかもしれない。正式には「学校図書館」。

　「学校図書館法」で定められていて、学校図書館司書、司書教諭の先生が中心となって運営している。

　図書委員はここでの「読書、学び、情報」を多くの人が利用しやすいように手伝っている。

大切な場所だね！

12

●図書委員の3つの大きな仕事

① 本の貸し出し、返却の手続き

本にはってあるバーコードを読み取って、パソコンで貸し出しの記録をチェック。返却も同じように作業をする。どの本が貸し出し中で、返却日はいつなのか確認できる。

ただし、だれがどの本を借りているのか、プライバシーを守るのも仕事なので、個人的な情報は話さないようにしよう。

② レファレンスの仕事

本を探している人を手伝う。この作業を「レファレンス」という。書名がわかれば検索して、本があるかどうかを確認。なければ、司書の先生に相談する。

書名がわからないときは、読みたい本の内容をたずねてみよう。たとえばウサギについて、飼い方を知りたいのか、物語を楽しみたいのか、そこから本を探していこう。

③ 本だなの整とんなど

本だなは、たくさんの人が図書館を利用するとごちゃごちゃになることが多い。逆さまにもどされていたり、ちがう場所に入っていたりする本は、正しい場所にならべ、ほかの人が探しやすいようにする。

本のページが破れたり、表紙が外れたりしているのを見つけたら、先生に修理の仕方を教えてもらおう。

➡ **図書委員の仕事を、もっと調べてみよう！**

図書委員になったら

本のおもしろさを、たくさんの方法で伝えよう。
出会いの数だけ、学校生活も楽しくなるのが読書のすばらしいところ。
「今月のおすすめ本」ポスターをつくって情報を発信するのもいいね。

●いろいろな本を読もう

図書館の本を、なるべくたくさん読んでみよう。感想を、委員会ノートや自分用のノートにメモしておくと、レファレンスの仕事で役に立つ。
学年別におすすめの本をまとめてコーナーをつくり、読み聞かせなどのイベントで紹介しよう。

●イベントを考えてみよう

学校行事や季節に合わせて特集コーナーをつくったり、ポップやカードを書いたりして本のおもしろさを伝えよう。
図書委員の担当を決めておくと、スムーズに用意ができる。展示や、飾りつけも、テーマに合わせて工夫しよう。

どんなテーマがいいかな？

●著作権についておぼえておこう

本のイベントをするときは「著作権」を守ろう。だれかが考えてつくったものは「著作物」。つくった人が所有しているのは「著作権」。著作権を守るための法律もある。

- 本のコピーは全体の半分まで
- 本を利用した図書委員のイベントではお金もうけをしない
- 文やイラストを使用するときは著者名を書く

ただし、本を紹介するために許可されていることもあるので、出版社のサイトを確認しよう。

司書の先生にも、よく確認しよう！

●本の内容と分類番号

本の管理や、本だなの整とんに役立つのが「分類番号」。
「日本十進分類法（NDC）」は、内容ごとに000から999の数字で整理している。

① 1番目の数字：類 → すべての本を10種類に分けたもの。
② 2番目の数字：綱 → 類を10種類に分けたもの。
③ 3番目の数字：目 → 綱を10種類に分けたもの。

たくさんあるね！

日本十進分類法（NDC）綱目表

0 全般・図書館	1 哲学・宗教	2 歴史・伝記・地理	3 社会	4 自然
00 全般・情報科学	10 哲学	20 歴史・世界の歴史	30 社会	40 自然科学・理科
01 図書館・読書	11 考え方	21 日本の歴史	31 政治	41 算数・数学
02 図書・出版	12 東洋思想	22 アジアの歴史	（戦争・平和・人権）	42 物理学
03 百科事典	13 西洋思想	23 ヨーロッパの歴史	32 法律（裁判・条約）	43 化学
04 論文集・講演集	14 心理	24 アフリカの歴史	33 お金・経済	44 天文・宇宙
05 雑誌・年鑑	（性格・夢・占い）	25 北アメリカの歴史	34 財政・税金	45 地球・天気・恐竜
06 博物館・団体	15 道徳・人生	26 南アメリカの歴史	35 統計	46 生物
07 新聞・テレビ	16 宗教・神話	27 オセアニアの歴史	36 社会・労働・福祉	47 植物
08 シリーズ・全集	17 神道・神社	28 伝記	37 教育	48 動物
09 貴重な本・地域の資料	18 仏教・お寺	29 地理・地図・旅行記	（学校生活・学び）	49 医学
	19 キリスト教・教会		38 民族の歴史と伝統	（心身・健康・栄養）
			39 国防・軍隊	

5 技術・工業・家庭	6 産業・交通・通信	7 芸術・スポーツ	8 言語	9 文学
50 技術・工業	60 産業	70 芸術・美術（文化財）	80 語学	90 文学
51 工事・環境	61 農業	71 彫刻	81 日本語	91 日本の文学
52 建築	62 園芸（野菜・くだもの・花）	72 絵画・書道（漫画・イラスト）	82 中国語・アジアの言語	92 中国の文学・アジア文学
53 機械・原子力	63 養蚕	73 版画	83 英語	93 英米の文学
54 電気（コンピュータ）	64 畜産（飼い方・育て方）	74 写真・印刷	84 ドイツ語	94 ドイツの文学
55 造船・海洋開発	65 林業	75 工芸・デザイン	85 フランス語	95 フランスの文学
56 金属工業・鉱山・地下資源	66 水産業	76 音楽・ダンス	86 スペイン語	96 スペインの文学
57 化学工業	67 商業・貿易	77 劇・映画	87 イタリア語	97 イタリアの文学
58 製造工業	68 交通・運送・観光	78 スポーツ・体育	88 ロシア語	98 ロシアの文学
59 暮らし・家庭	69 通信・放送	79 ゲーム・茶道・華道	89 そのほかの言語	99 そのほかの国の文学

➡ 次は、本の世界を楽しむために、特別なイベントを考えよう！

15

《たとえば》
読書週間はコラボしよう

　年間活動計画では、大きなイベントとして、学校のみんなが参加できる「読書週間」に取り組もう。読み聞かせやブックトーク、ビブリオバトル、図書ビンゴ、しおりプレゼントなども人気だね。
　ここではぜひほかの委員会やクラブとの交流を考えてみよう。それぞれの活動をいかして、協力して楽しめるはずだ。

●なかよくなれる！「読書週間」コラボ

委員会活動やクラブ活動は、別々のことをしているけれど、図書委員はすべての活動をもりあげることができるよ。

給食委員	集会委員	飼育委員
本に書かれていたメニューを給食に！　栄養士の先生に相談しよう！	読書集会をひらいて、貸し出しランキング発表や、劇をして楽しもう！	飼っているウサギや、花だんの草花について紙しばいをつくろう！

保健委員	放送委員	環境委員
虫歯予防、心と体の健康や、感染症について展示をしよう！	お昼の放送で、絵本や詩の朗読をしよう。声優さんのように読んでみて！	環境問題、リサイクルについての本の特集コーナーをつくろう！

新聞委員	サッカークラブ	手話クラブ
学校新聞で、先生方の好きな本を紹介する記事を書いてもらおう！	有名な選手の伝記を読んで、サッカー通信を書こう！	あいさつの手話で会話をするポスターを書いて、手話の本の特集を！

　アイデアが集まったら、いつ、どこで、どのようにおこなえるのか話し合おう。
　栄養士の先生、司書の先生や、委員会担当の先生にも相談しよう。

●どんどん書いてもらおう「リクエストカード」

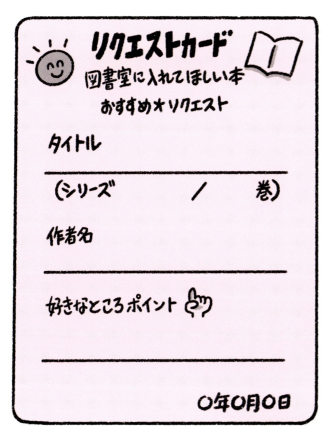

活動が楽しくなる

「リクエストカード」は、司書の先生が新しい本を選ぶときに参考になるし、委員会活動に役立つものなので、ぜひ活用したい。

図書館をたくさんの人に身近に感じてもらえるように、各教室にカードを配って、定期的に書いてもらうのもいい。なぜその本が好きなのか、おすすめの理由もわかるし、図書館のコーナーづくりの参考にもなる。

読書への道案内に

図書委員がたくさんの本を知っていると、活動を盛り上げるためのアイデア、工夫の方法がゆたかに広がる。

すべての仕事は、読書への道案内となり、新しい本も古い本も、一人ひとりの考え方、想像力を育むものとなる。力を合わせて、よりよい学校図書館をつくっていこう。

先生からひとこと

図書委員は、読書の楽しみは一生の宝物になることを伝えていこう。図書委員の仕事はみんなと世界をつなぐ最初の一歩だね。

まとめメモ
- 図書委員はたよりになる
- 時間ができたら図書館へ
- 時間がなくても図書館へ
- 楽しいことが待ってるよ！

17

3. 新聞委員

新聞委員は、大切な情報を伝えるジャーナリストだ

どんなことをするの？

[新聞委員は、文章、写真やイラストで記事をまとめ、学校や学級の新聞をつくるのが仕事。大切なのは、学校生活や社会のニュースのなかで、みんなのために何を伝えるべきかよく考えることだ。]

　新聞づくりは、たくさんの人に話を聞き、情報を集めることから始まる。新聞委員は記者として、学校行事、クラブ活動や季節に関わるイベントを調べ、読む人に興味をもってもらえるように記事を書こう。
　イラストや写真もニュースを伝えるために大切なもの。委員みんなでアイデアを出し合い、工夫してつくっていこう。

●もっとも大切な記事は何か考える

情報を集めて選ぶこと

　新聞づくりで大切なのは、情報を集めたあと、どんな記事を書くべきか選ぶときの話し合い。紙面では、もっとも大切だと考える記事を一番大きく取り上げる。

　記事を書くときに注意すべきなのは、かたよった意見にならないこと、特定の個人を傷つけないようにすること。そして、今なぜこの記事をとどけるべきかを考えることだ。

読者を意識すること

　新聞をつくるときは、読者が何を読みたいのか、読者に何をとどけたいのか、よく考えることが必要だ。学校によっては、学校新聞、学級新聞に分けてつくることもある。それぞれに合わせた記事を書き、活動計画を立てよう。

　もし、急いでみんなに知らせたいニュースがあれば「号外」をつくろう。何があったのかすぐわかるように、いつもよりも見出し、イラストや写真を大きく工夫しよう。

●新聞の役割を考える

　新聞は、一度に多くの人に情報を伝えることができるメディア。ヨーロッパで約400年前に生まれ、日本では江戸時代のかわら版（半紙1枚）がはじまりだと言われている。その後、ラジオ、テレビ、ネット配信などのメディアが登場してきた。

　どんなメディアでも、もっとも大切な記事は何か、よく考えてつくられているのは同じ。新聞づくりも、よりよい内容をとどけるために話し合うことが大切だ。

➡ 新聞のニュースは、どんなふうに集めて書くといいかな？

どんな記事を読みたい？

19

新聞委員になったら

　集めた情報を、ニュースとして記事にまとめるときは、よりよい学校生活のために読者のみんなが必要としていること、興味があることは何か、よく話し合おう。
　新聞委員は、紙面づくりの考え方をしっかりもつことが求められる。

記事を書くときの考え方

●どんなニュースを取り上げるか考えよう

記事をまとめるときに大切なのは、何をニュースとして伝えるかということ。下記を参考に話し合っていこう。

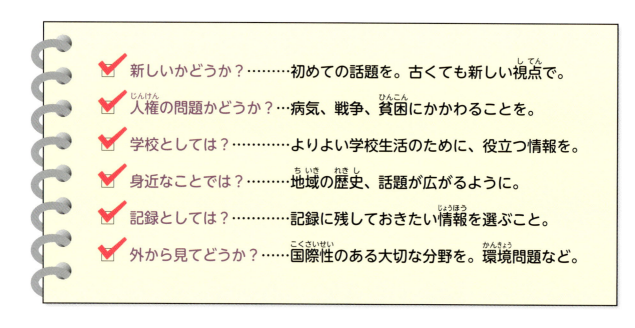

- ✓ 新しいかどうか？………初めての話題を。古くても新しい視点で。
- ✓ 人権の問題かどうか？…病気、戦争、貧困にかかわることを。
- ✓ 学校としては？…………よりよい学校生活のために、役立つ情報を。
- ✓ 身近なことでは？………地域の歴史、話題が広がるように。
- ✓ 記録としては？…………記録に残しておきたい情報を選ぶこと。
- ✓ 外から見てどうか？……国際性のある大切な分野を。環境問題など。

●紙面づくりを考えよう

ニュースを選び、記事をまとめたら紙面のレイアウト、ならべ方を決めよう。
何を一番大きく見せたらよりよく内容が伝わるのか、みんなで話し合って考えよう。

記事②〈学校〉・給食 ・集会 ・委員会 ・クラブ ・防災訓練 ・そうじ ・休み時間 ・勉強 ・クラス	**見出し②**（例）春の給食　おいしい地元の食材	**見出し①**（例）入学おめでとう！ようこそ新1年生〇〇小は楽しいことがいっぱいだよ

みんなの学校新聞

発行

令和〇年

20××年

4月〇日

新聞委員

記事①
〈行事〉
・入学式　・遠足　・運動会
・合唱集会　・読書週間
・音楽会　・スポーツテスト
・虫歯予防週間
・学力テスト
・修学旅行　・平和学習
・球技大会　・身体測定

記事④
〈ランキング〉
・好きな勉強
・にがてな勉強
・人気の行事
・学校のなぞ
・はやりチェック
・おすすめ本
〈イラスト〉
・投稿

記事③
〈地域〉
・まちのニュース
・天気のこと
・通学のこと
・スポーツ
・季節のイベント
・外国のニュース

記事⑦
〈イラスト〉
・まちがい探し
〈写真〉
・クラブ活動
・委員会活動
〈マンガ〉
・4コマ

記事⑥
〈楽しみ〉
・学校クイズ
・うらない

記事⑤
〈先生方〉
・校長先生　・担任の先生
・栄養士の先生
・保健の先生　・司書の先生

➡ 学校のみんなからニュースを集める方法を考えてみよう

《たとえば》学校ニュースを集めよう

　新聞の記事を書くための取材は、何かをきっかけに始めることが多い。

　たとえば、学校のみんなの声を集めて考える方法もそのひとつ。気軽にお知らせしたいことを書いてもらうために「つぶやきボックス」をつくることもおすすめ。

　本物の新聞でも読者からの声は大切だ。学校生活でワクワクしたこと、感謝の気持ちなどを集めたい。

「つぶやきボックス」のしくみ

・用意するもの：空きばこ。カード（紙）。ペン。

① 空きばこを利用し、イラスト図のようにボックスをつくる。
　表にカードを入れる口を、裏に取り出し口をつくる。
② ①を「つぶやきボックス」として、教室などわかりやすい場所におく。
③ 「つぶやきボックス」の側面に、カードとペンを入れた封筒を貼る。
④ お知らせを書いたカードは、ボックスに入れてもらう。
⑤ 新聞委員で当番を決めて、カードを回収する。

●新聞をとおして生まれる交流

　本物の新聞では、読者が記事への感想をメールや手紙で送ることができる。つくる人と読む人が、おたがいに意見を交換できるイベントもある。

　新聞委員も、完成した新聞への感想や、これからつくる新聞への意見を読者のみんなによく聞こう。それをもとに、よりよい新聞づくりを考えることができる。

ほかの学年とも交流できたらいいね！

● 「つぶやきカード」はみんなの大切な声

アイデアをふくらませよう

　新聞委員の仕事は、放送委員の活動と共通点がある。それは一度にたくさんの人に情報を伝え、カードを利用するなど、みんなの声にこたえる活動ができることだ。

　新聞では特に、文章、イラストやマンガなど読むことの特長を生かしたアイデアをふくらませることができる。

新聞はみんなのもの

　「つぶやきカード」では、みんなにお知らせしたいこと、小さなことから大きなことまで公平に集められる。

　とどいた声に対して、新聞委員はていねいに受けとめ、記事を書かなくてはならない。新聞は、新聞委員のものではなく、読む人みんなのものだから。

先生からひとこと

新聞では、学校全体のさまざまな出来事を読むことができます。学年や学級をこえて、楽しくおもしろい発見をたくさん伝えましょう。

まとめメモ
- 新聞は、信頼でなりたつもの
- あれ？何だろう？を大切に
- いろいろな新聞を読もう

4. 運動委員

運動委員は、元気な体をつくるアドバイザーだよ

どんなことをするの？

[運動委員は、みんなが楽しく運動ができるようにイベントを考えて、安全な環境を整えるのが仕事。オニごっこ、ボールゲームなどの遊びをとおして、みんなでなかよく体を動かす時間をつくろう。]

　運動委員は、運動会やマラソン大会のような学校行事では、全校のみんなのために仕事をすることがある。このほか、毎日の休み時間を利用し、体を動かす遊びのイベントや、学年をこえた活動もおこなうこともある。
　学校によっては「体育委員」「スポーツ委員」と呼ばれている。
　運動が好きな人も、そうではない人も、みんなが気持ちよくチャレンジできる活動を考えて、元気な体づくりを呼びかけよう。

大切な仕事だね！

24

● 運動を楽しむためにサポート

よりよい活動で体づくりを

　運動委員のほかに、保健委員、給食委員、生活委員なども同じ目標をもって活動している。そのなかで、運動委員は、みんなが体を動かして楽しめるように考えるのが仕事。

　用具の安全点検をしたり、かたづけ、整理整とんをしたりもする。曜日、当番を決めて、委員会ノートに記録すると、次の人にスムーズに仕事を引き継ぐことができる。

授業とはちがう楽しみ方で

　体育の授業では、体そう、マット運動、鉄ぼう、ボール競技、マラソン、ダンスなど、具体的な目標を立てて、それを達成するために練習することが多い。

　運動委員の活動は、授業とはちがう方法で、体を動かす楽しみを味わうことを大切に考えよう。一人ひとり、体の成長に合わせて運動しよう。

● 自分の体を知る大切さを伝える

　体の状態は一人ひとり異なる。病気をもっていたり、お手本のように動けなかったり、うまくいかないこともたくさんある。運動委員は、「体と向き合い、よりよい状態を知ること、よい状態を保つことが大切」ということを、学校のみんなに広めるのも仕事だ。

　どんな運動だとうまくできるのか、楽しむきっかけになるのかを考えて活動しよう。

➡ 運動委員の仕事を、もっとくわしく見てみよう！

どんな活動ができるかな？

運動委員になったら

　学校行事において、運動委員の事前の用意は、スムーズな運営に欠かせない。

　さらに、毎日の仕事もある。「いつもの活動」は「学校行事の活動」をささえている。

　「いつもの活動」では、おもに、安全に、安心して運動や遊びができる環境をつくることを意識しよう。「学校行事の活動」では、それだけではなく、みんなが楽しめること、イベントをスムーズに成功させることも考えよう。

いつもの活動（例）	学校行事の活動（例）
・グラウンドのクギ拾い ・体育倉庫のそうじ ・体育用具・遊具の点検 ・プールそうじ ・ボールの空気点検	・なかよし祭り ・運動会 ・長なわとび大会 ・水泳大会 ・球技大会

● 楽しくてためになる運動を考えよう

　いつもの活動や学校行事の仕事のほかに、休み時間を利用して、ボールゲームなど軽く体を動かして遊べるイベントを考えよう。

　楽しくてためになる体づくりの運動ができれば、自分のペースで練習をしながら、チャレンジできることが増えてくるかもしれない。

マイペースで楽しもう

● 「こつこつタイム」で運動のコツを

お昼休みを利用して、気軽に運動のコツを学べる「こつこつタイム」をおこなってみよう。うでの筋肉の使い方、平こうバランス、ジャンプ力など、少しの工夫で体は動きやすくなる。ポスターや放送で、参加をよびかけよう。

やってみよう！「こつこつタイム」

1）運動を9つえらび、それぞれ得意な担当を決める。

（例）さかあがり、二重とび、一輪車、立ちはばとび、リフティング、
表現ダンス、フラフープ、うんてい、キャッチボール

2）9つの運動で「運動ビンゴゲーム」カードをつくる。

「おめでとう」カード、「すばらしい」カードもつくっておく。

●運動ビンゴゲームのカード（例）

こつこつタイムにチャレンジしよう！
運動ビンゴゲーム 〈運動委員会より〉

さかあがり 月 日	キャッチボール 月 日	表現ダンス 月 日
リフティング 月 日	うんてい 月 日	一輪車 月 日
立ちはばとび 月 日	フラフープ 月 日	二重とび 月 日

＊「運動ビンゴゲーム」のルール＊

・表の中で、チャレンジした運動と日にちのマスに〇を付ける。

・たて、横、ななめの〇の列を、1つずつつくっていく。

・1列できるごとに、運動委員から「おめでとう」と書かれたカードが贈られる。

・ぜんぶできたら「すばらしい」と書かれたカードが贈られる。

運動委員はそばについて、安全に遊べるように注意して見ておこう。

➡ **次は、ドキドキわくわく、みんなでレクを楽しもう！**

《たとえば》レクリエーションを楽しもう

勝ち負けなしで
なかよく遊ぼう！

　運動委員会のイベントのほか、集会やお楽しみ会でも人気のレクリエーション、通称レク。たくさんのレクの中で、特に「だるまさんがころんだ」は学年みんなで楽しめる。
　道具がなくても、すばやい動き、判断力、集中力などを高めることができる。運動能力を問わずチャレンジしやすい遊びだ。

みんなでレク！「だるまさんがころんだ」のルール

① オニ（ひとり）：かべや木に向かって立つ
② ほかの人：オニからはなれて、横1列にならぶ
③ オニ：「はーじーめーのいーっぽ♪」と歌う
④ ほかの人：大きくオニのほうに一歩進む
⑤ オニ：「だるまさんがころんだ♪」と歌う
⑥ ほかの人：歌のあいだに、オニに近づく
⑦ オニ：歌い終えたら、ふり向く
⑧ ほかの人：静止。⑤〜⑧をくり返し、オニに近づく（動いた人はオニにつかまる）
⑨ ほかの人：オニにつかまった人にタッチしたら「切った！」とさけんで逃げる
⑩ オニ：「ストップ！」と全員を静止させ、10歩あるいて、逃げた人にタッチ。その人が次のオニになる

◎アレンジしよう

・静止のポーズ
　あらかじめポーズを決めておく。
　できなかったらオニにつかまる。
　（例）片足で立つ、右手を上げるなど。

・「だるまさんが〇〇〇」
　「イモムシ」「ゾウ」などを決めて
　静止ポーズでものまねをさせる。
　できなかったらオニにつかまる。

　みんなで遊べるレクは、みんなと運動して遊ぶ楽しさを体験できる。
チャレンジしたい運動や競技が見つかることもあるかもしれない。

●みんなで書こう「チャレンジカード」

自分をきたえるチャンス

運動は、体づくりだけでなく、心の成長のためにも大切。ほかの勉強と同じように、かんたんにできることもあれば、まったくできないこともある。

できないことは練習を重ねるうちに、少しずつできるようになることもある。そのための努力はすべて自分のためになり、かけがえのない体験になる。運動は、自分自身をきたえるチャンスにもなる。

ふり返りができる

運動委員会の活動の1つとして、一人ひとりの努力を応援する「チャレンジカード」をつくろう。運動に関わるイベントや体育の授業の終わりに配って、その日にしたことを書く。

できたこと、よかったこと、気づいたことをふり返ると、これから何にチャレンジしたらいいのか考えることができる。カードは学期の終わりまで保管して、みんなで「がんばったね！」と声をかけ合う時間をつくろう。

先生からひとこと

運動委員は、心と体を育むお手伝いをする人です。アイデアを出し合って、運動や勉強を元気に楽しめる体をつくりましょう。

まとめメモ
- 体づくりを楽しもう
- 運動と遊びはボーダーレス
- 目標を達成できたらがんばった自分をほめよう！

みんなの委員会活動①

新潟県新潟市立 江南(こうなん)小学校
かがやけ太陽の子!
体育委員会

わたしたちが体育委員です!
スポーツが好き!

野球　陸上　卓(たっきゅう)球
水泳　剣(けん)道(どう)　バスケ　などなど がんばっています

●どんな学校? 江南小学校

学校のスローガンは「かがやけ太陽の子」。ひとりひとりが、太陽のように明るくかがやく全校児童数は、約430人。6年生と1年生のたて割(わ)り班(はん)「なかよし太陽班タイム」ではペア学年で声をかけあい、ゲームもそうじもワイワイ楽しいです。体育委員は、5、6年生の20人。児童会はほかに、総務委員、環(かん)境(きょう)笑顔委員、給食委員、図書委員、放送委員、保健委員の7つです。

新潟県新潟市。人口約76万人。日本海に面していて、明治時代には函(はこ)館(だて)、横(よこ)浜(はま)、神戸、長崎とともに外国に開かれた港町。米作りもさかんで、水田面積は日本一。

●体育委員の仕事①

体育館のまどの開けしめ
朝8時前に、まどを開けます。下のまどを開けて、風を入れます。特に夏は、体育館が暑くならないようにします。

先生が戸を開けるときもあります。学校が終わったら、しめて帰ります。

ビブスあらい
みんなが授業で着るビブスをあらいます。けっこう楽しいです！　みんなで協力して、手であらいます。かわかしたあと、体育用具室にかけておきます。あらったビブスを着て、気合を入れてます！

●今、チャレンジしたいこと

- 1〜6年生みんながなかよくなれるイベント
- みんなの前でしゃべること
- 東北地方一周
- 運動が苦手な人も「やってみよう！」と思えるイベント
- 体育館全体のそうじ
- 6年生の算数の問題（今は5年生だけど…）
- まだしたことがない遊び
- サッカーのイベント

●体育委員の仕事②

イベントの企画

イベントの企画もします。全校のみんなを低学年、中学年、高学年に分けて、昼休みに体を動かす遊びを考えます。オニごっこ、長なわとびなど。イベントのお知らせも書きます。委員会の引継式は、10月と3月におこないます。

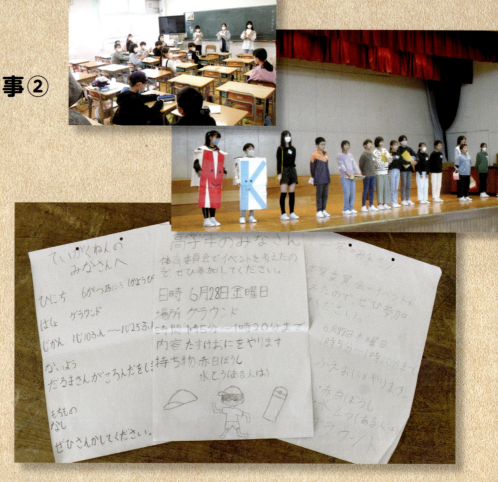

体育用具室の整とん

年に2回ほど、用具室の中をかたづけます。ボールは、空気が入っているかどうか確かめます。こわれている用具がないかどうか、調べます。用具室の中のそうじもします。

●体育委員になりたい下級生にアドバイス

- みんなで協力するのは楽しいけど、むずかしいこともあるよ。でも入ったら楽しいから、ぜひ入ってほしいです
- イベントや運動会を楽しんで！
- まど開けは、天気によって開けるはばを変えるといいよ
- 仕事はちょっとつかれるけど、いろんなことを実行できるから、がんばってほしい

報告します

●体育委員でよかった！がんばった！

きんちょうしました、でも楽しかったです！

運動会のスローガンを考えるのが大変だった

わたしたちが全校児童から案を集め、全校投票で、決めました

スローガンは「赤白みんなで力を合わせて優勝目指してつき進め」になり、運動会で発表しました

ほかにも、みんなの前でお手本として、準備体そうをしました

大切にしたいこと
学校のみんながよろこぶこと！

先生からひとこと

みんなで目標を立てて、それを実行し、なかよくなれることが、いちばんうれしいです

みんなの委員会活動②

福島県福島市立 平野小学校
本が好き！
楽しい図書館委員会

＊平野小学校では「楽しい図書館委員会」を正式名称としています。以下、図書館委員、と表記します。

わたしたちが図書館委員です！
図書館委員は楽しい！

読書　特設音楽部の演そう活動
アニメ　ゲーム　なども　大好きです

●どんな学校？ 平野小学校

学校のスローガンは、至誠敬愛。「体をきたえ　命を大切にする子ども」「礼儀正しく思いやりのある子ども」「自ら学びよく考える子ども」たちが、元気に過ごせますようにという願いをこめたものです。全校児童数は約500人。山々にかこまれた学校で、「楽しい図書館委員会」は5、6年生の17人で活動中。

福島県福島市。人口約28万人。古くは養蚕と阿武隈川の舟運業で栄えた城下町。ももや梨などの名産地で、おいしいくだものがたくさんとれる。

●図書館委員の仕事①

本の貸し出しと返却

カウンターで、本を借りる人と返す人に、貸し出し、返却手続きをします。去年から、貸し出しカードはなくなりました。本にはられたバーコードを「ピッ」と読み取る仕事は、大人気です。

本だなの整とん

朝、お昼休み、放課後などに本だなの確認をします。特にお昼休みのあとは、大変です。たくさんの人が本を読み、あわてて教室に帰っていくので、本が正しい場所にもどしてあるかどうか、よく見て直します。

●今、チャレンジしたいこと

- 本の貸し出しをいっぱいする
- 朝、委員会の仕事ができていないので、ちゃんとしたい
- 友だちと遊ぶこと
- 特設音楽部で全国大会に出る！
- 推し活をする
- 読みきかせなど、委員会は全部楽しい
- こまめに本を読みたい

●図書館委員の仕事②

おすすめ本の紹介

低学年、中学年、高学年に向けて、おすすめ本のコーナーを作ります。季節や、行事を考えて選びます。図書館委員の推し本にすることもあります。読んだあとに「また読みたい」とよろこんでもらえたとき、とてもうれしいです！

「ふくよみ」のイベント

毎月24日は福島市の「ふくしま読書の日」、通称ふくよみの日。平野小のイベントでみんなに大人気なのは、図書館委員の「ぶっくじ」。くじは3種類で、①スタンプラリー、②もう1さつ（借りられる）、③（図書館委員の）おしごとたいけん。一番人気は③です！

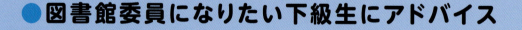

●図書館委員になりたい下級生にアドバイス

- 本を探している子がいたら、思いきって声をかけてみよう
- 週一で仕事があるからたいへんだけど、やりがいがあるからがんばってほしい
- 本をきちんと、たなにもどそう
- 読み聞かせのときは、ゆっくりとはっきりした声で！
- バーコードの読み取りは、よく確認してね

イベント大成功!

● 図書館委員でよかった! 楽しいよ!

いろんなアイデアを出して、イベントをします

仮装して、絵本の中の河童になったら、読み聞かせは大成功でした

部屋を暗くして、スライドを使いました

全校の集会では、体育館でイベントをします

開館中。明るい部屋は気持ちがいいです!

大きなスクリーンで絵を見せながら、場面ごとに、みんなで読みます

大切にしたいこと
本の魅力をもっと伝えたい!

当番の紹介も作っていますよ

先生からひとこと

みんなが本を好きになってくれるように、がんばっているすがたを、いつも応援しています

資料　委員会活動で活用できるシートのサンプルです

委員会活動カード　（　　年　　組　名前　　　　　　　　）			
	委員会	活動場所	担当の先生
委員長		副委員長	記録
委員会の目標			
いつもの活動			
関連する学校行事			

	主な活動予定・準備すること	感想・ふり返り
月		
月		
月		
月		
月		

〜〜〜〜〜〜〜〜〜〜〜〜〜〜〜〜〜〜〜〜〜〜〜〜〜〜〜

《委員会活動　1年間のふり返り・引継メモ》

《先生から》

自分たちの活動に合わせて、新しい項目も考えてみよう！

さくいん

この本に出てくるキーワードを五十音順に掲載しています

【あ】
- ありがとうカード……………………11
- 委員会ノート……………………14, 25
- インタビュー……………………8, 9
- 運動会……4, 5, 6, 8, 9, 24, 26, 32, 33
- 運動ビンゴゲーム……………………27
- 栄養士……………………16, 21
- 遠足……………………4
- オニごっこ……………………24, 32
- オリジナルコンテンツ……………………10
- 音楽会……………………4, 5, 9

【か】
- 学芸会……………………4, 5
- 学級新聞……………………19
- 学校新聞……………………16, 19, 21
- 学校図書館……………………12, 17
- 学校図書館法……………………12
- 体づくり……………………5, 25, 26, 29
- かわら版……………………19
- 環境問題……………………16, 20
- 感染症……………………16
- クラブ活動……………………4, 16, 18
- 個人情報管理……………………8
- こつこつタイム……………………27

【さ】
- 司書……………………12, 13, 14, 16, 17, 21
- 紙面づくり……………………20, 21
- ジャーナリスト……………………18
- 修学旅行……………………4, 5
- 宿泊学習……………………4
- 手話……………………16
- 人権……………………20
- 全校清掃……………………4, 5
- 全校朝会……………………4
- 卒業式……………………4, 5

【た】
- タブレット……………………8
- チームワーク……………………4
- チャレンジカード……………………29
- 著作権……………………14
- つぶやきカード……………………23
- つぶやきボックス……………………22
- 動画……………………8
- 特別活動……………………4
- 図書室……………………12
- 図書ビンゴ……………………16

【な】
- 日本十進分類法（NDC）……………………15
- 入学式……………………4, 5
- ネット配信……………………19
- 年間活動計画……………………5, 7, 16

【は】
- ビブリオバトル……………………16
- ブックトーク……………………16
- プライバシー……………………13
- 分類番号……………………15
- ボールゲーム……………………24, 26

【ま】
- マラソン大会……………………5, 24
- 虫歯予防……………………16
- メディア……………………19

【や】
- 読み聞かせ……………………10, 14, 16, 36, 37

【ら】
- リクエストカード……………………17
- リサイクル……………………16
- レイアウト……………………21
- レファレンス……………………13, 14

39

[監修]

安部恭子（あべ きょうこ）

帝京大学教育学部教育文化学科教授。埼玉県さいたま市の小学校勤務後、さいたま市教育委員会、さいたま市立小学校教頭勤務を経て、文部科学省初等中等教育局視学官、教育課程課教科調査官、国立教育政策研究所教育課程研究センター研究開発部教育課程調査官、生徒指導・進路指導センター生徒指導・特別活動連携推進官を務める。令和6年4月から現職。主な著書に『特別活動で学校を楽しくする45のヒント』（文溪堂）、『みんなの学級経営（1年〜6年）』（東洋館出版社）『楽しい学校をつくる特別活動 すべての教師に伝えたいこと』（小学館）など。

装丁・デザイン	山田武
イラスト	タニグチコウイチ　あらいしづか
撮影	北川佳奈
校正	鷗来堂
企画編集	岩崎書店 編集部
編集制作	板谷ひさ子

[取材協力]

新潟県新潟市立江南小学校
福島県福島市立平野小学校

[写真提供]

p30　校舎　p32　委員会風景、体育館（引継ぎ式）
　　　新潟県新潟市立江南小学校より
p37　読み聞かせイベント風景
　　　福島県福島市立平野小学校より

[参考図書・ウェブサイト]

『あそびで育てるクラスづくり』（明治図書出版）
『小学校「指導と評価の一本化」のための学習評価に関する参考資料 特別活動／国立教育政策研究所』（東洋館出版社）
『小学校版 子供の心を伸ばす特別活動のすべて』（小学館）
『楽しい学校をつくる特別活動　すべての教師に伝えたいこと』（小学館）
『特別活動で、日本の教育が変わる！　特活力で、自己肯定感を高める』（小学館）
『特別活動で学校を楽しくする45のヒント　笑顔あふれる学校にしよう！』（文溪堂）
『学びをつなぐ！「キャリア・パスポート」文部科学省 国立教育政策研究所 生徒指導・進路指導研究センター編』（光村図書）
『みんなで、よりよい学級・学校生活をつくる特別活動（小学校編）特別活動指導資料／文部科学省国立教育政策研究所』（文溪堂）

公益社団法人全国学校図書館協議会
https://www.j-sla.or.jp/
文部科学省国立教育政策研究所 小学校特別活動映像資料　学級活動編
https://www.nier.go.jp/kaihatsu/shidousiryou/sho_tokkatsueizo/
文部科学省国立教育政策研究所 小学校特別活動映像資料　児童会活動・クラブ活動編
https://www.nier.go.jp/kaihatsu/shidousiryou/sho_tokkatsueizo2/
ニュースパーク（日本新聞博物館）　https://newspark.jp/
みんなの教育技術　https://kyoiku.sho.jp/
文部科学省小学校体育（運動領域）まるわかりハンドブック
https://www.mext.go.jp/a_menu/sports/jyujitsu/1308041.htm

> この本の情報は、2024年10月までに調べたものです。今後変更になる可能性がありますので、ご了承ください。

よりよい学校をつくろう！
みんなの委員会
3　放送委員・図書委員・新聞委員・運動委員

2024年12月31日　第1刷発行

監修者	安部恭子
発行者	小松崎敬子
発行所	株式会社 岩崎書店
	〒112-0014　東京都文京区関口2-3-3　7F
	TEL：03-6626-5082（編集）　03-6626-5080（営業）
印刷	株式会社光陽メディア
製本	株式会社若林製本工場

NDC375　29×22cm　40p
ISBN978-4-265-09184-3
©Hisako Itaya 2024
Published by IWASAKI Publishing Co., Ltd.
Printed in Japan

岩崎書店ホームページ　https://www.iwasakishoten.co.jp
ご意見、ご感想をお寄せ下さい。info@iwasakishoten.co.jp
乱丁本、落丁本は小社負担にてお取りかえいたします。

本書のコピー、スキャン、デジタル化等の無断複製は著作権法上での例外を除き禁じられています。本書を代行業者等の第三者に依頼してスキャンやデジタル化することは、たとえ家庭内の利用であっても、一切認められておりません。無断での朗読や読み聞かせ動画の配信も著作権法上で禁じられています。

監修
安部恭子

よりよい学校をつくろう！

みんなの
委員会

全 **3** 巻

1

児童会・学級委員・集会委員・生活委員

2

環境委員・飼育委員・保健委員・給食委員

3

放送委員・図書委員・新聞委員・運動委員